BEI GRIN MACHT SICH IHR WISSEN BEZAHLT

- Wir veröffentlichen Ihre Hausarbeit, Bachelor- und Masterarbeit

- Ihr eigenes eBook und Buch - weltweit in allen wichtigen Shops

- Verdienen Sie an jedem Verkauf

Jetzt bei www.GRIN.com hochladen und kostenlos publizieren

Bibliografische Information der Deutschen Nationalbibliothek:

Die Deutsche Bibliothek verzeichnet diese Publikation in der Deutschen National-
bibliografie; detaillierte bibliografische Daten sind im Internet über http://dnb.d-
nb.de/ abrufbar.

Impressum:

Copyright © 2015 GRIN Verlag
Druck und Bindung: Books on Demand GmbH, Norderstedt Germany
ISBN: 9783668856417

Dieses Buch bei GRIN:

https://www.grin.com/document/452950

Kevin Gutsche

Controlling, Jahresabschlussanalyse, Kostenrechnung am Beispiel eines Fitnessstudios

GRIN Verlag

Deutsche Hochschule für
Prävention und Gesundheitsmanagement
Hermann Neuberger Sportschule 3
66123 Saarbrücken

Einsendeaufgabe

Fachmodul: Betriebswirtschaftslehre III

Studiengang: Sportökonomie

Datum
Präsenzphase: 2015

Name, Vorname: Gutsche, Kevin

Inhalt

1 Controlling

1.1 Kerngedanke und Aufgaben

Der Begriff „Controlling" kommt aus dem amerikanischen Sprachgebrauch (engl. to control) und bedeutet sinngemäß steuern, lenken, regeln, beherrschen. Das Controlling als ein wichtiges Element im Unternehmen sind die Maßnahmen, die die Führungsbereiche Planung, Kontrolle, Organisation, Personalführung und Information so koordinieren, dass die Unternehmensziele optimal erreicht werden (Horváth, 2003, S. 5)

Diese vorher festgelegten Ziele werden dann mit entsprechenden Planungen und Maßnahmen versucht zu erreichen. Innerhalb dieses Prozess wird dann durch das Controlling mit Hilfe von ständigen Soll-Ist-Vergleichen überprüft, ob sich das Unternehmen auf dem richtigen Weg befindet. Durch die permanenten Analysen können frühzeitig Kursabweichungen erkannt werden. Bei eventuellen Abweichungen wird die Notwendigkeit Handlungen, um sich an die neue Situation anzupassen, im Rahmen der Dokumentations- und Informationsfunktion ans Management weitergeleitet. Auf diesem Informationen aufbauend werden dann Lösungsansätze erarbeitet und Gegenmaßnahmen eingeleitet, um die vorher definierten Ziele und Planzahlen doch noch zu erreichen. Ein Änderung von vorher definierten Zielen sollte nur im Ausnahmefall durchgeführt werden, da viele Unternehmensbereiche in Ursache-Wirkungs-Beziehungen zueinanderstehen, sodass eine Änderung in einem Bereich sich auch auf andere Bereiche auswirkt. Zentrale Aufgabe im Controlling ist also ist die Versorgung des Managements mit steuerungsrelevanten Informationen und Analysen. (Stiller, 2015)

Damit ein strategisches Ziel, welches das Unternehmen verfolgt, auch erreicht werden kann, erstellt der Controller ein Planungssystem, um diesen meist langjährigen Prozess auch operativ in einzelnen Schritten umsetzen zu können. Zudem wird dieses übergeordnete Ziel vom Unternehmen in kleinere Teilziele für die jeweilige Unternehmensbereiche eingeteilt, damit jeder Bereich seinen Beitrag leistet. Basierend auf die Notwendigkeit der Teilpläne sorgt der Controller ebenfalls dafür, dass diese Teilpläne aus den verschiedensten Unternehmensbereichen geplant, aufeinander abgestimmt undkoordiniert werden, dass diese jederzeit auf das primäre Unternehmensziel ausgerichtet sind (Wildt & Klempien, 2014).

Als eine weitere wichtige Funktion des Controllers kann die Steuerungs- und Kontrollfunktion genannt werden. Mit Hilfe der Kontrollen überprüft und kontrolliert der Controller den Geschäftsverlauf.

Systematisch und fortlaufend werden die geplanten Soll mit den Ist-Werten verglichen. Mit Hilfe dieser Kontrolle wird die Planung ergänzt, indem der Controller die einzelnen Bereiche überprüft, ob sich diese noch an die Planungsvorgaben halten und noch auf das Gesamtziel ausgerichtet sind. Bei Abweichungen werden die genauen Ursachen ermittelt und mögliche Auswirkungen auf die Zukunft des Geschäftsverlaufs analysiert. Durch diese Prognosen können unerwünschte Entwicklungen vermieden werden. Damit leistet der Controller einen wichtigen Beitrag zur Frühaufklärung und für eine vorausschauende Steuerung (Joergensen, o.J.).

Daher fungiert der Controller als ein Berater für die Manager und Entscheidungsträger im Managementprozess und ist somit für die Wirtschaftlichkeit und langfristige Existenz des Unternehmens mitverantwortlich.

Da „Controlling" und „Kontrolle" vom Wortbegriff her sehr ähnlich sind, muss man hierbei genau differenzieren, dass die Kontrolle nur ein Teilelement des Controllings darstellt und immer vergangenheitsbezogen ist. Bei der Kontrolle wird im Nachhinein überprüft, ob von einzelnen Unternehmensbereichen die Maßnahmen so ergriffen wurden, wie sie vorher auch geplant waren. Ganz im Gegensatz zur Hauptaufgabe des Controllings, welches den Fokus auf die Zukunft legt, um durch Instrumente das Unternehmen so zu steuern, dass es die definierten Ziele erreicht werden (Joergensen, o.J.).

Zusammenfassend kann gesagt werden, dass unter dem Begriff „Controlling" die zielgerichtete Steuerung des Unternehmens zu verstehen ist.

1.2 Kennzahlensystem

Kennzahlensystem
Monat: **Dezember**

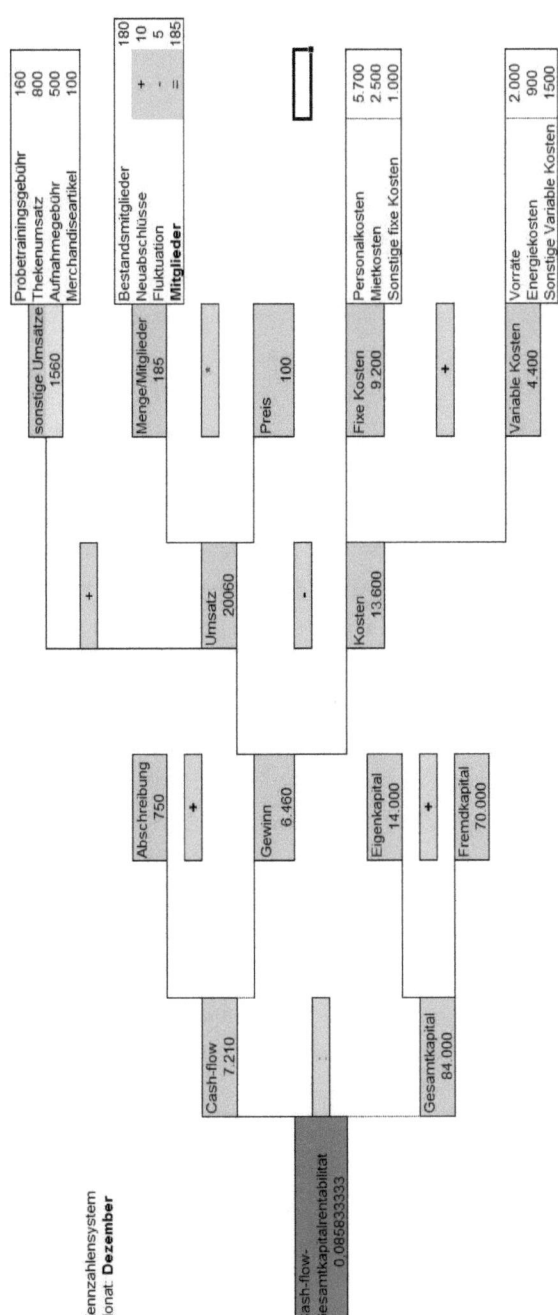

Abbildung 1: Kennzahlensystem Ausbildungsbetrieb Dezember

1.3 Controllingsystem

1.3.1 Erläuterung eines Controllingsystem

Das Controllingsystem ist ein Planungs- und Informationssystem, welches mit Hilfe von betriebswirtschaftlichen Kennzahlen den internen und externen Adressaten durch Soll-Ist-Vergleiche einen Überblick über die wirtschaftliche Lage des Unternehmens verschafft und die Entwicklung darstellt. Diese Informationen können Unternehmensplanungen und Führungsentscheidungen unterstützen und begründen.

Durch die Implementierung eines Controllingssystems ist es möglich eine erhöhte Transparenz zu schaffen, wodurch die Geschäftssteuerung optimal ermöglicht wird. Das System besteht aus den Bestandteilen Aufgaben, Organisation und Instrumente (Horvath, 2012, S. 127).

Für ein Controllingsystem ist es von großer Bedeutung genau zu analysieren, welche erfolgsentscheidenden Daten und Kennzahlen für das Unternehmen wichtig sind und welchen Entscheidungsträgern mit den entsprechenden Informationen versorgt werden sollen. Weiterhin muss der Zeitabstand für die Soll-Ist-Vergleiche festgelegt und die Instrumente für die Erfassung und Ausarbeitung abstimmen. Auf Grund der Tatsache, dass ein gutes Controllingsystem von existenzieller Bedeutung ist, muss dieses einfach und übersichtlich gestaltet sein, sodass eine fortlaufende Ermittlung der Werte gewährleistet wird. Weiterhin ist es entscheidend, dass alle Bereiche des Unternehmens durch das System abgedeckt und mit Soll-Ist-Vergleichen analysiert werden, sodass eine ganzheitliche Entwicklung des Unternehmens sichtbar wird.

Da sich das Controllingsystem auf ein Kennzahlensystem stützt, ist es letztendlich erforderlich beide Systeme zu differenzieren.

Das Kennzahlensystem ist eine systematische Verknüpfung von einzelnen Kennzahlen, die in logischer Beziehung zueinander stehen. Dadurch wird die Aussagekraft von einzelnen Kennzahlen erhöht, wodurch sich schnell und verdichtet Informationen über die Leistung des Unternehmens und je nach Situation Gründe und Auswirkungen feststellen lassen können. Der entscheidende Unterschied liegt hierbei, dass beim Kennzahlensystem keine Abweichungsanalysen mit Hilfe von Planzahlen bzw. Vorgaben erfolgen.

Durch diese Erweiterung ist es möglich das Unternehmen langfristig zielorientiert zu steuern, da der Controller und die Entscheidungsträger bei nicht erreichten Planzahlen direkt die sofortigen Auswirkungen erfassen können (Horváth, 1991, S.108 ff.).

1.3.2 Balanced Scorecard Praxisbeispiel

Nachfolgend wird zunächst basierend auf der Zielsetzung „Erhöhung der weiblichen Mitglieder" eine Ursache-Wirkungs-Kette erstellt und daraufhin die dritte Phase der Balanced Scorecard durchgeführt.

Als eine Möglichkeit eine Ursache-Wirkungs-Kette für die Wichtigkeit des erhöhten Anteils an Frauen im Studio zu erstellen, liegt der Fokus hierbei auf die Kurse.

Interne Geschäftsprozesse

> Ein höherer Anteil an Frauen führt zu einer höheren Auslastung bestehender Kurse und Zur Möglichkeit mehr und neue Kurse anbieten zu können

Lernen und Entwicklung

> Durch Weiterbildungen können Mitarbeiter bereits bestehende Kurse übernehmen und leiten, sowie neue Kurskonzepte erlernen Ihre Kompetenz wird dadurch erhöht.

Kundenperspektive

> Die Betreuung wird durch bekannte Trainer noch besser und intensiver.

> Mehr Spaß und Motivation durch erhöhte Anzahl an Kursteilnehmer und neue Kurskonzepte

> Dadurch entsteht eine höhere Kundenzufriedenheit und langfristige Bindung an das Studio

finanzielle Perspektive

> Es resultiert langfristig mehr Umsatz durch begeisterte Kunden auf Grund einer geringeren Fluktuation und höheren Verlängerungsquote

7

Basierend auf das übergeordnete Ziele „Erhöhung der weiblichen Mitglieder" wird die dritte Phase der Balanced Scorecard mit den vier Schritten angewendet.

Kundenperspektive

Definition des strategischen Ziels

Erhöhung des Anteils weiblicher Mitglieder

Kennzahlen

Anzahl der weiblichen Teilnehmer im Kurs „Bauch - Beine - Po"

Anzahl der weiblichen Check-Ins am Tag

Vorgaben

In den nächsten 3 Monaten soll sich die Anzahl der Teilnehmer in dem Kurs um 5 weibliche Personen erhöht haben, die regelmäßig den Kurs besuchen.

In den nächsten 6 Monaten soll sich die Anzahl der weiblichen Check-Ins am Tag um 50 Personen gesteigert haben.

Maßnahmen

Innerhalb des Studios sollen die weiblichen Mitglieder angesprochen werden, dass ihre weiblichen Freunde, Bekannte und Verwandte vier Kurseinheiten gratis mit trainieren können.
Dadurch sollen Frauen durch die gut angeleiteten Kurs und die stimmungsvolle Atmosphäre in den Kursen begeistert und dazu gebracht werden, sich im Studio anzumelden, um alles andere im Studio, wie zum Beispiel den Wellnessbereich, nutzen zu können.

Als zweite Maßnahme wird eine interne Aktion gestartet bei die Frauen einen Eiweißs-hake nach dem Training erhalten, wenn sie drei Mal pro Woche ins Studio kommen und trainieren oder einen Kurs besuchen. Dies soll die Check-Ins erhöhen und Einfluss auf das Trainingsverhalten nehmen, indem die Frauen häufiger und somit öfter an ihren Zielen arbeiten. Dadurch kann eine Verlängerung der Mitgliedschaft erreicht werden.

Lernen und Entwicklung

Definition des strategischen Ziels

Erhöhung des Anteils weiblicher Mitglieder

Kennzahlen

Anzahl neu integrierter Kurskonzepte

Anzahl der Kurse, die anstelle von externen Trainern durch eigene Mitarbeiter über-nommen wurden

Vorgaben

In den nächsten drei Monaten sollen zwei weitere Kurse in das bestehende Kurspro-gramm aufgenommen und durch einen bereits bekannten Trainer angeleitet werden.

In den nächsten sechs Monaten sollen acht bereits bestehende Kurse von fest angestell-ten Mitarbeitern übernommen und angeleitet werden.

Maßnahmen

Basierend auf die erste Vorgabe sollen zwei Mitarbeiter eine Weiterbildung erhalten, die danach zwei unterschiedlich neue Kurse im Studio anbieten und durchführen kön-nen. Diese sollen überwiegend auf die weibliche Zielgruppe ausgerichtet sein.

Hinsichtlich der zweiten Vorgabe sollen in den nächsten Wochen fünf fest angestellte Mitarbeiter durch Aus- und Fortbildungen die Trainerlizenz für Kurse erwerben, sodass diese die bereits im Studio bestehenden Kurse übernehmen und anleiten können. Diese sollen vorwiegend die eher weiblich orientierten Kurse fokussieren, wie zum Beispiel Yoga, Pilates, Bauch-Beine-Po etc. Dadurch kann der externe Trainer mit einem den Mitgliedern lange bekannten Trainer ersetzt werden. Dadurch, dass der Mitarbeiter viele der Mitglieder schon kennt, können Ansprachen zwecks Motivation viel individueller gestaltet werden. Daraus resultiert mehr Motivation, mehr Spaß und die Chance, dass mehr weibliche Mitglieder öfter zum Kurse bzw. ins Studio kommen.

finanzielle Perspektive

Definition des strategischen Ziels

Erhöhung des Anteils weiblicher Mitglieder

Kennzahlen

Thekenumsatz

Anzahl verkaufter Massagen

Vorgaben

In den nächsten zwei Monaten soll der Thekenumsatz pro Besuch um 15 Cent steigen.

Weiterhin soll in den nächsten vier Wochen zehn Massagen verkauft werden.

Maßnahmen

Um diese beiden Maßnahmen realisieren zu können, wird zu einem bestimmten Zeitpunkt eine Rabattaktion gestartet. Für den Thekenbereich wird es für die Produkte, die überwiegend Wellnessbereich zu finden sind, eine „2 für 1"-Aktion geben. Das soll den Mitgliedern einen Anreiz geben öfter in Studio zu gelangen auch wenn sie nur das Wellnessangebot nutzen. Hierbei ist wichtig, dass sie die Mitarbeiter dadurch die Chance erhalten den persönlichen Kontakt zu den Kunden zu pflegen und ihn weiter auszubauen. Dadurch kann man die Kunden durch das Persönliche viel eher langfristig binden, als wenn diese gar kein Bezug zum Studio haben.

Als zweite Maßnahme ist der Verkauf von Massagen zu nennen. Auch diese wird als „2 für 1"- Aktion angeboten. Jedoch ist diese Maßnahme mit einem Zusatz gekoppelt. Die Aktion gilt nur dann, wenn ein bestehendes Mitglied ein Nicht-Mitglied zu einem Kurs mitnimmt und beide trainieren. Dadurch besteht auch hier die Möglichkeit den weiblichen Anteil im Fitnessstudio zu erhöhen.

Interne Geschäftsprozesse

Definition des strategischen Ziels

Erhöhung des Anteils weiblicher Mitglieder

Kennzahlen

Ernährungsberatungen pro Woche

„Gesundheitswochenenden" im Jahr

Vorgaben

Einführen einer Ernährungsberatung im Unternehmen und innerhalb der nächsten sechs Wochen sollen 30 Ernährungsberatungen mit Nicht-Mitgliedern durchgeführt werden

Innerhalb der nächsten vier Monaten sollen im Unternehmen zu unterschiedlichen Zeitpunkten drei „Gesundheitswochenenden" eingeführt werden.

Maßnahmen

Basierend auf die erste Vorgabe sollen Ernährungsberatungen mit Nicht-Mitgliedern stattfinden. Es soll ein Plakat vor dem Studio aufgehängt und mit dem Plakat ein entsprechender Kundenstopper aufgestellt werden, dass von nun an auch Ernährungsberatungen für Nicht-Mitglieder durchgeführt werden. Die hat den Vorteil, dass diese Beratung günstiger als bei einem Ökotrophologen. Dadurch soll die Chance eröffnet werden durch die Beratung neue weibliche Mitglieder zu gewinnen.

Bezüglich der zweiten Maßnahme soll im Unternehmen ein „Gesundheitswochenende" eingeführt werden. Dieses Wochenende enthält in einem Seminarraum Vorträge zu unterschiedlichsten Themen rund um die Gesundheit. Die Zielgruppe sind hierbei vorwiegend Frauen in jedem Alter. Es werden dafür Sponsoren gesucht und eingeladen, die an diesem Wochenende Beiträge zu verschiedenen Themen, wie zum Beispiel „schnell und gesund Kochen", „Work-Life-Balance", „Entspannungstechniken", Fit in der Schwangerschaft" und „schick aber lässige Modetrends", halten. Dadurch sollen. Diese „Gesundheitswochenenden" sollen mehrmals stattfinden und sich von den Themen immer abwechseln. Vom Zeitraum her sollen sich diese Vorträge nur über jeweils zwei bis drei Stunden erstrecken, sodass auch Frauen mit einer Familie Zeit dafür finden können.
Diese Aktion ist eine gute Möglichkeit, um neue Frauen im Studio zu generieren. Nicht-Mitglieder erhalten an dem Wochenende eine kostenlose Tageskarte, bei sie alle Möglichkeiten des Studios nutzen und kennenlernen dürfen. Durch eine fachgerechte und kompetente Betreuung durch die Mitarbeiter sollen sie vom Training in dem Studio begeistert und als Mitglied eingeschrieben werden.

2   Jahresabschlussanalyse

2.1 Teilanalysen der Jahresabschlussanalyse

2.1.1   Vertikale Strukturanalyse (Passivseite) für 2012 und 2013

Nachfolgend wird die vertikale Strukturanalyse der Passivseite mit den Kennzahlen der Eigenkapitalquote, Fremdkapitalquote, den Verschuldungsgrad und die Umschlagshäufigkeit des Kapitals errechnet.

Eigenkapitalquote: (Eigenkapital : Gesamtkapital) x 100
2012: (771.800 : 1.337.400) x 100 = 57,71 %
2013: (916.800 : 1.723.600) x 100 = 53,19 %

Fremdkapitalquote: (Fremdkapital : Gesamtkapital) x 100
2012: (565.600 : 1.337.400) x 100 = 42,29 %
2013: (806.800 : 1.723.600) x 100 = 46,81 %

Verschuldungsgrad: (Fremdkapital : Eigenkapital) x 100
2012: (565.600 : 771.800) x 100 = 73,28 %
2013: (806.800 : 916.800) x 100 = 88 %

Umschlagshäufigkeit des Kapitals: (Umsatz : Gesamtkapital) x 100
2012: (2.450.000 : 1.337.400) x 100 = 183,19 %
2013: (2.850.000 : 1.723.600) x 100 = 165,35 %

2.1.2 Kurzfristige Finanzanalyse für 2012 und 2013

Nachfolgend wird auf Basis der kurzfristigen Finanzanalyse die Liquidität des 1. Grades, der Cash-Flow und das working capital errechnet.

Die Ermittlung des Gewinns ist für die Finanzanalyse und für die spätere Erfolgsanalyse ist von zentraler Bedeutung. Daher wird zuerst der Gewinn für 2012 und 2013 aus der Gesamtkapitalrentabilität ermittelt, indem die Formel umgestellt wird.

Gesamtkapital
2012: 1.337.400
2013: 1.723.600

Langfristige Darlehen:
2012: 248.600
2013: 406.500

Fremdkapitalzinsen:
2012: 248.600 : 100 x 5(Zinssatz) = 12.430
2013: 406.500 : 100 x 3,5 = 14.227,5

Gesamtkapitalrentabilität
[(Gewinne + Fremdkapitalzinsen) : Gesamtkapital] x 100

2012:

[(X + 12430) : 1.337.400] x 100	= 11,78	| : 100
(X + 12430) : 1.337.400	= 0,1178	| x 1.337.400
X + 12.430	= 157.545,72	| - 12.430
X	= 145.115,72	

2013:

$$[(X + 14.227,5) : 1.723.600] \times 100 = 12,69 \qquad | : 100$$
$$(X + 14.227,5) : 1.723.600 = 0,1269 \qquad | \times 1.723.600$$
$$X + 14.227,5 = 218.724,84 \qquad | - 14.227,5$$
$$X = 204.497,34$$

Liquidität des 1. Grades: (Zahlungsmittelbestand : kurzfristige Verbindlichkeiten) x 100

2012: (99.500 : 195700) x 100 = 50,84 %

2013: (107.100 : 280.600) x 100 = 38,17 %

Cash-Flow: Gewinn + Abschreibungen

2012: 145.115,72 + 55.000 = 200.116

2013: 204.497,34 + 68.000 = 272.497

Working Capital: Umlaufvermögen – kurzfristige Verbindlichkeiten

2012: 512.300 – 195.700 = 316.600

2013: 598.100 – 280.600 = 317.500

2.1.3   Erfolgsanalyse (Rentabilitätskennzahlen für 2012 und 2013

Nachfolgend werden die Gewinnänderungsrate, die Eigenkapitalrentabilität und die Umsatzrentabilität berechnet.

Gewinnänderungsrate: (Gewinn Geschäftsjahr : Gewinn Vorjahr) x 100

[(204.497,34 : 145.115,72) x 100 = 140, 92 %

Eigenkapitalrentabilität: (Gewinn : Eigenkapital) x 100

2012: (145.115,72 : 771.800) x 100 = 18,80 %

2013: (204.497,34 : 916.800) x 100 = 22,31 %

Umsatzrentabilität: (Gewinn : Umsatz) x 100

2012: (145.115,72 : 2.450.000) x 100 = 5,92 %

2013: (204.497,34 : 2.850.000) x 100 = 7,18 %

Für die Übersichtlichkeit wird nachfolgend eine Tabelle eingefügt, um alle ermittelten Kennzahlen miteinander zu vergleichen.

Tabelle 1: Vergleich Jahresabschluss 2012 & 2013

Kennzahl	2012	2013
Eigenkapitalquote	57,71 %	53,19 %
Fremdkapitalquote	42,29 %	46,81 %
Verschuldungsgrad	73,28 %	88 %
Umschlagshäufigkeit des Kapitals	183,19 %	165,35 %
Liquidität des 1. Grades	50,84 %	38,17 %
Cash-Flow	200.116	272.497
Working Capital	316.600	317.500
Gewinnänderungsrate	140,92 %	
Eigenkapitalrentabilität	18,80 %	22,31 %
Umsatzrentabilität	5,92 %	7,18 %

2.2 Wirtschaftliche Entwicklung

Im Vergleich der beiden Bilanzen vom Jahr 2012 und 2013 der XY GmbH ist eine deutlich positive wirtschaftliche Entwicklung zu erkennen.

Das Unternehmen konnte im Jahr 2013 ein Umsatzplus von 400.000 € und einen Gewinn von 59.381 € erreichen. Anhand der Gewinnänderungsrate vom Vorjahr zum aktuellen Geschäftsjahr ist dieser Erfolg ebenfalls zu erkennen. Die Änderung beträgt 140,9%. Im Bezug auf den Gewinn ist weiterhin noch die Umsatzrentabilität hervorzuheben, die von 5,9% auf 7,2% gestiegen, welche ebenfalls die gute wirtschaftliche Entwicklung verdeutlicht.

Zwar hat sich das Eigenkapital um knapp 150.000 € erhöht, jedoch wurde auch Fremd-kapital von knapp 243.000 € von der Bank aufgenommen. Wahrscheinlich wurde ein Großteil dieses aufgenommen Kapitals dazu verwendet, um zu expandieren und in neue Sachanlagen, wie z.B. Maschinen oder Lagerhallen, zu investieren. Technologisch fort-geschrittene Maschinen können leistungsfähiger und schneller produzieren und dement-sprechend auch den Umsatz fördern. Weiterhin kann der enorme Zuwachs an Vorräten dadurch erklärt werden, dass das Unternehmen zusätzliche Lagerhallen angemietet hat, um diese zu lagern. Denn dieser große Anteil an Vorräten muss entsprechend gelagert werden.

Durch die Aufnahme des Darlehens hat sich der Verschuldungsgrad von 73,3 auf 88% erhöht. Zwar hat sich mit dieser Verschiebung auch die Eigenkapitalquote auf 53,2% reduziert und die Fremdkapitalquote auf 46,8 % erhöht, jedoch fallen diese Änderungen sehr gering aus. Hinsichtlich im Vergleich zur Branche sind beide Werte sehr gut (siehe Arbeitsblatt Branchenkennzahlen). Das Verhältnis von Eigenkapital zu Fremdkapital ist annähernd gleich, welches ein geringes Unternehmensrisiko und eine gute wirtschaftli-che Stabilität aussagt. Zudem sorgt dieser geringe Verschuldungsgrad mit der daraus resultierenden wirtschaftlichen Stabilität für eine geringe Anfälligkeit gegenüber hoher Zinsbelastung für aufgenommenes Darlehen, weil sich das Eigen- und Fremdkapital überwiegend im Gleichgewicht hält. Das macht sich auch dadurch bemerkbar, dass der Zinssatz von 5 % auf 3,5% gesunken ist. Zum Einen ist die gute Umsatzrentabilität für einen solch geringen Zinssatz verantwortlich und zum Anderen die Tatsache, dass die Höhe des Eigenkapitals einen Wert erreicht, dass dadurch alle kurz- und langfristigen Verbindlichkeiten getilgt werden könnten.
Durch die Erhöhung der kurzfristigen Verbindlichkeiten hat sich die Liquidität des 1. Grades von knapp 50,8% auf 38,2% verringert. Zwar ist dieser Wert gesunken und ist nicht so gut wie im Jahr davor, jedoch liegt dieser immer noch im Durchschnitt zur Branche (siehe Arbeitsblatt Branchenkennzahlen). Die Liquidität gehört mit zu der wichtigsten Kennzahl im Unternehmen, da eine zu geringe Liquidität dazu führt, dass das Unternehmen aufkommende Zahlungsverpflichtungen nicht mehr tilgen kann und eine möglich Insolvenz nach sich zieht. Daher sollte darauf geachtet werden immer über eine ausreichend hohe Liquidität zu verfügen.

Wenn man im weiteren Verlauf der Finanzanalyse den Cash-Flow genauer betrachtet, wird schnell deutlich, dass man mit der Höhe des Cash-Flows von knapp 272.500€ fast alle kurzfristigen Verbindlichkeiten begleichen kann. Auch diese betriebswirtschaftliche Kennzahl trägt zu einem geringen Unternehmensrisiko bei.

Da die Bilanz eine zeitpunktbezogene Betrachtung ist es möglich, dass sich kurz vor Erstellung des Jahresabschluss der Zahlungsmittelbestand negativ geändert hat, sodass zu diesem Zeitpunkt die Liquidität geringer ausfällt, als zum Stichtag im letzten Jahr. Außerdem kann man bei der Analyse der Liquidität sich auch auf die Kapitalum-schlagshäufigkeit konzentrieren. Diese sagt nämlich aus, wie oft das eingesetzte Kapital ins Unternehmen wieder zurückfließt. Je höher der Wert ist, desto schneller fließt Kapital aus dem Markt infolge einer höheren Rendite wieder zurück ins Unternehmen, wodurch eine niedrigere Liquidität resultiert. Die Kapitalumschlagshäufigkeit ist zwar auf Grund des aufgenommen Fremdkapitals auf 165% gesunken, stellt aber immer noch einen sehr guten Wert für die wirtschaftliche Stabilität des Unternehmen dar, wenn man dies mit der Branche vergleicht (siehe Arbeitsblatt Branchenkennzahlen).

Durch all diese aufgeführten Punkte lässt sich abschließend zusammenfassen, dass das Unternehmen im Vergleich zum Jahr 2012 sich wirtschaftlich sehr positiv entwickelt hat, eine gute Stabilität besitzt und aus der Bilanz heraus betrachtet noch langfristig existent bleibt.

3 Kostenrechnung

3.1 Kostenrechenarten

Innerhalb der Kostenrechnung gibt es zwei unterschiedliche Kostenrechensysteme. Dazu gehört die Voll- und Teilkostenrechnung.

Bei der Vollkostenrechnung wird versucht alle im Unternehmen anfallende Kosten möglichst verursachungsgerecht auf Kostenträger zu verteilen. Dabei wird bei den Kosten zwischen Gemein- und Einzelkosten unterschieden. Die Einzelkosten lassen sich direkt einem Kostenträger zurechnen. Als Beispiel können Materialkosten genannt werden, die nur dafür verwendet werden, um ein bestimmtes Produkt damit zu produzieren.

Die Gemeinkosten allerdings definieren sich als Kosten, die einem Träger nicht direkt zurechenbar sind und müssen somit mit Hilfe einer Kostenstelle verrechnet werden. Eine Kostenstelle beschreibt einen Ort der Kostenentstehung oder einen Verantwortungsbereich eines Unternehmens (Dincher, Ehreiser & Müller-Godeffroy, 2006, S. 133). Mit Hilfe dieser Kostenstellen und festlegten Verteilungsschlüsseln können dann diese Gemeinkosten auf einzelne Kostenträger verteilt werden. Als Beispiel kann hier der Lohn eines Arbeiters aus dem Bereich Produktion genannt werden, der keinem direkten Kostenträger (Produkt) zugeordnet werden kann, sondern nur einer Kostenstelle (Produktion). Der Nachteil an der Vollkostenrechnung ist, dass die Verteilung der Kosten durch die Verteilungsschlüssel erfolgt und nicht immer diese genau für bestimmte Gemeinkosten zugeordnet werden können. Dadurch unterliegt die Verteilung der Gemeinkosten immer einer Subjektivität, da das Unternehmen entscheidet, ob bestimmte Gemeinkosten als Beispiel eher nach dem Kostentragfähigkeitsprinzip oder der Schätzung verteilt werden.

Ganz im Gegensatz dazu existiert die Teilkostenrechnung bei der nur Einzelkosten berücksichtigt werden, die den Kostenträgern verursachungsgerecht und direkt zugeordnet werden können. Hierbei entfällt die Verteilung der Gemeinkosten.

Zentrales Instrument der Teilkostenrechnung die Berechnung des Deckungsbeitrages, welches zur Feststellung von Preisuntergrenzen oder Gewinnschwellen dient.

Der Nachteil allerdings ist, dass die Teilkosten nur eine kurzfristige Betrachtung der Kosten in einem Unternehmen besitzt, da sie nicht alle Kosten (Gemeinkosten) berücksichtigt.

3.2 Zuschlagskalkulation

1. Einteilung der Kosten

Gemeinkosten		Einzelkosten	
Miete	120.000€	Wareneinsatz	650.000€
Versicherung	25.000€		
Personal	305.000€		
Vertrieb	17.250€		
=	467.250 €		650.000€

2. Errechnung des Handelskostenzuschlags

Handlungskostenzuschlag

(Gemeinkosten : Einzelkosten) x 100

= (467.250 : 650.0000) x 100

= 71,88 % (Handlungskosten)

3. Berechnung des vollständigen Kalkulationsschemas

Einkaufspreis (brutto)	101,09%
	: 1,19
Listeneinkaufspreis (netto)	84,95€
-Rabatt 10 %	8,495€
= Zieleinkaufspreis	76,46€
-Skonto 3%	2,29 €
= Bareinkaufspreis	74,16€
+ Bezugskosten (Transport + Zoll)	5,45 €
= Bezugspreis/Einstandspreis	79,61€

+ Handlungskosten **71,88** %	**57,22 €**
= Selbstkosten	136,83 €
+ Gewinn	?
= Barverkaufspreis	?
+ Skonto 1%	?

= Zielverkaufspreis	?
+ Rabatt 3%	?
= Listenverkaufspreis (netto)	159,62 €
= Verkaufspreis (brutto)I	189,92 €

Berechnung der offenen Positionen

Zielverkaufspreis
$159,62 : 1,03 = 154,97$ €

Rabatt 3 %
$159,62 - 154,97 = 4,65$ €

Barverkaufspreis
$154,97 : 1,01 = 153,43$€

Skonto (1%):
$153,43 : 100 = 1,53$ €

Gewinnzuschlag:
Barverkaufspreis – Selbstkosten = Gewinn
$153,43 - 136,83 = \mathbf{16,6}$ €

4. Ergänzung fehlender Positionen

Einkaufspreis (brutto)	101,09%
	: 1,19
Listeneinkaufspreis (netto)	84,95€
-Rabatt 10 %	8,495€
= Zieleinkaufspreis	76,46€
-Skonto 3%	2,29 €
= Bareinkaufspreis	74,16€
+ Bezugskosten (Transport + Zoll)	5,45 €
= Bezugspreis/Einstandspreis	79,61€

+ Handlungskosten **71,88** %	**57,22 €**
= Selbstkosten	136,83 €
+ Gewinn	**16,60 €**
= Barverkaufspreis	153,43 €
+ Skonto 1%	1,53 €
= Zielverkaufspreis	154,97 €
+ Rabatt 3%	4,65 €
= Listenverkaufspreis (netto)	159,62 €
= Verkaufspreis (brutto)I	189,92 €

3.3 Deckungsbeitragsrechnung

Aus der Aufgabe geht hervor:

250 Kaufinteressenten
30 % davon nehmen eine Laufbandanalyse in Anspruch

30% von 250 = 75 Personen
Von den 75 Personen gibt es zwei Differenzierungen:

45 kaufen und zahlen 50 %
30 kaufen und zahlen 100%

Wenn man alle Personen addiert, die den vollen Preis bezahlen, um damit dann später zu rechnen, erhält man 52,5 Personen.
30 Personen + 50% von 45 (22,5) Personen = 52,5 Personen.

Aufstellung der Kosten

Miete (für 15m²)	126,25 €
Nebenkosen	15,63 €
AfA (netto)	70 €
Provision	450 €
Gesamtkosten	**661,88 €**

1. Schritt: Errechnung des **Deckungsbeitrages**

Deckungsbeitrag = Umsatz - Kosten

Der aus der Aufgabenstellung hervorgeht, dass der Deckungsbeitrag nicht negativ sein soll, ist der Deckungsbeitrag 0. Das bedeutet:

0 = Umsatz - 661,88

> ➤ Aus der Formel geht hervor, dass der Umsatz 661,88 € sein muss.

2. Errechnung des **Preises**

Umsatz = Menge x Preis

661,88 = 52,5 x p | : 52,5
12,60 = p

> ➤ Demnach muss die Analyse 12,60 € kosten, wenn jede Person den vollen Preis bezahlt. Dadurch, dass die Laufbandanalyse nur eine verkaufsfördernde Maßnahme darstellen soll, werden nur 50% des Preises verlangt.

3. Schritt: Errechnung des Preises basierend auf der verkaufsfördernden Maßnahme

12,60 : 2 (50%) = 6,30 € (netto)
6,30€ x 1,19 = **7,497 €** (brutto)

> ➔ Der Preis für eine Laufbandanalyse muss gerundet **7,50 €** betragen, damit ein negativer Deckungsbeitrag vermieden wird.

3.4 Interpretation der Deckungsbeitragssituation

Der erste Deckungsbeitrag ist die Differenz aus dem Umsatz des Bereiches und den variablen Kosten. Hierbei liegt der Fokus auf den variablen Kosten, die bei der Leistungsherstellung anfallen, wie zum Beispiel der Materialeinsatz. Bei der zweiten Deckungsbeitragsrechnung werden zusätzlich noch die fixen Kosten, wie zum Beispiel die Miete, berücksichtigt. Wenn jetzt der erste Deckungsbeitrag positiv ist, kann das Unternehmen durch die Herstellung des einen Produktes an sich Umsatz erzielen. Jedoch sobald der zweite Deckungsbeitrag errechnet wird, wo die fixen Kosten Berücksichtigung finden, und dieser negativ ist, geht daraus hervor, dass das Unternehmen in diesem Bereich Verlust einfährt.

Bei dieser Aussage muss man nun zwischen zwei Unternehmen unterscheiden, um diese Aussage zu begründen.

Für ein Unternehmen, welches nur ein Produkt herstellt, und einen negativen zweiten Deckungsbeitrag erhält, ist es durchaus sinnvoll, dieses Geschäft aufzugeben. Es resultiert dadurch langfristig ein Verlust, wodurch die Existenz des Unternehmens nicht gesichert werden kann.

Auf der Anderen Seite ist es für ein Unternehmen, welches mehrere Produkte herstellt, nicht sinnvoll diesen Geschäftsbereich zu schließen, weil die Höhe der fixen Kosten, z.B. die Miete, immer noch anfallen, auch wenn das Unternehmen keine Produkte mehr an der Stelle herstellt. Dadurch entstehen wohlmöglich noch höhere Verluste, weil der Betrieb keinen Umsatz durch die erstellten Leistungen einnimmt, weil diese nicht mehr hergestellt werden. Durch andere Produkte, welches das Unternehmen herstellt und diese positiv sind, kann dieser Verlust aufgefangen werden. Daher kann es für Unternehmen sehr sinnvoll sein den Geschäftsbereich nicht aufzugeben, obwohl ein Verlust bzw. negativer zweiter Deckungsbeitrag dadurch entsteht. Aus der Praxis kann zum Beispiel ein Drucker genannt werden, der bei der Herstellung einen Verlust generiert. Jedoch kann ein Drucker nicht ohne Patronen benutzt werden, sodass die Kosten für die Herstellung sehr gering sind, doch der Preis entsprechend hoch ausfällt. Durch diese Methode können die Verluste durch die Herstellung der Drucker wieder ausgeglichen werden und letztendlich erwirtschaftet das Unternehmen dadurch einen Gewinn.

4   Literaturverzeichnis

Dincher, R., Ehreiser, H.-J. & Müller-Godeffroy , H. (2006). *Einführung in das betrieb-liche Rechnungswesen. Buchführung. Jahresabschluss, Kostenrechnung* (Schriftenreihe der Forschungsstelle für Betriebsführung und Personalmanagement e.V, Bd. 4.2., über-arb. Aufl.) Neuhofen/Pf: Forschungsstelle für Betriebsführung und Personalmanage-ment.

Horváth, P. (1991). *Controlling.* (4. Aufl.) München: Beck.

Horváth, P. (2003). *Das Controllingkonzept. Der Weg zu einem wirkungsvollen Con-trollingsystem.* (5., vollst. überarb. Aufl.) München: Beck

Horváth, P. (2012). *Controlling* (12. Aufl.) München: Vahlen.

Joergensen, C. (o.J.) *Controlling-Aufgaben. Der Controller ist am Zielbildungsprozess beteiligt.* Zugriff am 25.01.2015. Verfügbar unter: http://www.marketrix.de/Controlling-aufgaben.htm

Klempien, D. & Wildt, A. (2014). *Aufgaben des Controllers.* Zugriff am 25.01.2015. Verfügbar unter: http://www.controllingportal.de/Fachinfo/Grundlagen/Aufgaben-des-Controllers.html

Stiller, G. (2015). *Controlling.* Zugriff am 25.01.2015. Verfügbar unter: http://www.wirtschaftslexikon24.com/d/controlling/controlling.htm

5 Abbildungs- und Tabellenverzeichnis

5.1 Abbildungsverzeichnis

5.2 Tabellenverzeichnis